KNISTER

Hexe Lillis Sachwissen

Pferde

Konzeption von Bettina Gutschalk

Mit farbigen Bildern
von Birgit Rieger
und Milada Krautmann

KNISTER,
geboren 1952 in Wesel.
KNISTER schreibt Bücher, macht Musikkassetten und CD-ROMs.
Verrückt, lustig und spannend! Immer!
Lieblingsfarbe: BUNT
Lieblingsessen: Spaghetti zu jeder Tageszeit
Hobby: In einer Rockband spielen
Sternzeichen: Frosch

Bettina Gutschalk
studierte Kinder- und Jugendliteratur und arbeitet seit vielen Jahren
als Journalistin und Buchautorin. Für Kinder und Jugendliche
schreibt sie Sachbücher, Ratekrimis und Quizbände.

Birgit Rieger
studierte Grafik-Design an der Hochschule der Künste Berlin
und arbeitet seit 1980 als freie Kinder- und Jugendbuchillustratorin.
Die von ihr illustrierten Bücher – allen voran „Hexe Lilli" –
erscheinen in vielen Ländern der Welt.

Milada Krautmann
hat ihre künstlerische Ausbildung an der Kunstgewerbehochschule
in Prag sowie in Brüssel und Paris erhalten. Der größte Anteil
ihrer Illustrationen ist den Pferden und Naturthemen gewidmet.
Sie ist für zahlreiche Verlage tätig, vorwiegend im Kinder- und Jugendbuchbereich.

In neuer Rechtschreibung

1. Auflage 2008
© Arena Verlag GmbH, Würzburg 2008
Alle Rechte vorbehalten
Einband und Innenillustrationen: Birgit Rieger, Milada Krautmann
Illustrationen mit Hexe Lilli: Birgit Rieger
Sachillustrationen: Milada Krautmann
Gesamtherstellung: Westermann Druck Zwickau GmbH
ISBN 978-3-401-09260-7

www.arena-verlag.de

Inhalt

Liebe
Pferdefreundinnen
und -freunde,

„Warum hat dein Bruder eigentlich im August einen
Schneeanzug an?", fragte Mona, als wir auf unseren
Rädern so schnell Richtung Reitstall düsten, dass Leon
auf seinem kleinen Kinderrädchen kaum hinterherkam.
„Och", ich grinste. „Ich habe ihm ein bisschen was über die
Islandponys erzählt. Dass es besonders kompliziert sei,
auf ihnen zu reiten, weil sie mehr Gänge haben als andere
Pferde. Und dass Island „Eisland" bedeutet und man als
Reiter eine besondere Ausrüstung bräuchte, weil es auf
dem Isländerrücken richtig kalt und eisig wäre." Wir kicher-
ten beide und bogen dann fröhlich auf den Hof des
Reitstalles ein. Ich war erleichtert, dass Mona nicht grum-
melte, weil ich Leon mitgenommen hatte. Mama musste
mit Zahnschmerzen zum Zahnarzt und hatte mich gebeten,
auf Leon aufzupassen. Ausgerechnet heute, wo Mona mir
ihren Reitstall zeigen wollte.

„Das ist der neue Reitlehrer", sagte Mona unvermittelt, als
ein Typ mit schwarzen wilden Locken aus dem Stall kam.
„Jamal. Der ist einfach super. Alle sind ein bisschen in ihn
verknallt." Sie kicherte.

„Hallo!", rief Jamal uns zu. Er führte ein Islandpony am
Zügel. Mona winkte wild zurück, aber Jamal
beachtete sie kaum, denn er wandte sich
jetzt an Leon, der schweißgebadet vom
Sattel stieg. „Wer bist du denn?" Leon
sagte seinen Namen und dass er unbedingt
auch mal auf einem Eispferd reiten wolle.
„Ach, du meinst auf einem Isländer." Jamal
zwinkerte. „Klar, das kannst du gerne." Mit
einem Schwung hob er Leon hoch und setzte
ihn aufs Pony. „So wie ich das sehe, bist du
ja der Einzige, der wetterfestes Zeug mithat",
fügte er hinzu und stülpte Leon die Kapuze des
Schneeanzuges über. Und zu uns sagte er:
„Habt ihr es vergessen? Wir haben eine
Baustelle in der Reithalle und müssen
draußen auf der Bahn reiten. Ich habe
doch ausdrücklich gesagt, es darf nur
mitreiten, wer wetterfest gekleidet ist!"
Dabei deutete er auf eine schwarze
Wolke, die sich bedrohlich am
Himmel näherte.

Mona und ich sackten enttäuscht zusammen und starrten hinter Leon her, der stolz auf dem Pony davonritt. Jamal führte die beiden zur Reitbahn.

„Das ist ja toll!", schimpfte Mona jetzt. „Erst müssen wir deinen kleinen Nervbruder mitnehmen und jetzt stiehlt er uns auch noch unseren Lieblingsreitlehrer!"

Ich holte tief Luft. „Das ist doch deine Schuld – warum hast du nicht an das Regenzeug gedacht?", giftete ich zurück. Dann schwiegen wir beide. Ja, das war schön nach hinten losgegangen. Da hatte ich Klein Leon veräppeln wollen und nun hatte er den Vorteil daraus! Ich hätte mich ohrfeigen können.

Gemeinsam mit den anderen Pferdemädchen, die allesamt auch keine Regensachen mithatten, quetschten wir uns unter ein kleines Vordach, denn es fing nun wirklich an zu regnen. Neidisch starrten wir zur Reitbahn hinüber. Und als Leon an der Longe an uns vorbeiritt, hörten wir ihn in Richtung Jamal rufen: „Ich kenn mich aus mit Isländern und den vielen Gängen. Aber sag doch mal, wo ist denn hier der Rückwärtsgang? ..."

Der Rest ging im Gepruste unter. Alle Reitschülerinnen und auch Mona und ich lachten uns kaputt. Wir hielten uns die Bäuche und immer, wenn wir uns wieder beruhigt hatten, rief eine: „Rückwärtsgang", und dann wieherten wir alle wieder los.

Leon ist nie wieder zum Reitstall mitgekommen. Er fand Reiten zu schweißtreibend. Und die Gangschaltung bei Pferden sei zu kompliziert! Er ging jetzt samstags lieber zum Fußball.

Und wie sieht es mit euch aus? Wisst ihr, wie die zwei zusätzlichen Gangarten beim Islandpony heißen? Wenn nicht, dann lest aufmerksam dieses Buch, darin erfahrt ihr alles!

Viel Spaß beim Lesen
wünscht dir
deine Geheimhexe

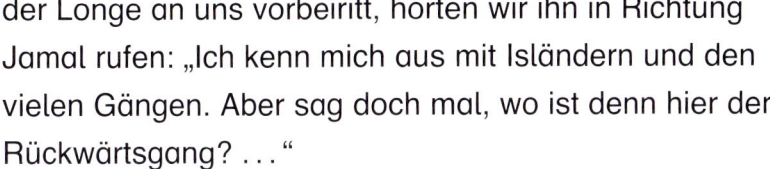

7

Welche Pferdetypen gibt es?

Warmblut, Kaltblut, Vollblut: Bestimmt hast du schon von den verschiedenen Pferde- typen gehört. Ob ein Pferd ein bestimmter Typ ist, hat aber in Wahrheit nichts mit seinem Blut zu tun!

Das Vollblut z. B. hat nicht mehr Blut als andere Pferde und das Kaltblut hat auch keine niedrigere Körpertemperatur als die anderen. Vielmehr werden Pferde, die sich vom Körperbau und der Größe her ähneln, demselben Typ zugeordnet. Wie unterscheiden sich diese Pferdetypen?, will Lilli wissen und liest nach.

Das Vollblut

Das Vollblut ist schlank und edel und hat einen feinen Kopf. Es läuft schnell und mit großer Ausdauer. Deshalb wird es gern bei Galopp- und Trabrennen eingesetzt.

Berühmte Vollblutpferde sind das englische Vollblut oder das arabische Vollblut.

9

Das Warmblut

Der kraftvolle, aber elegante Pferdetyp entstand aus
einer Kreuzung zwischen kräftigen Landstuten und
Vollbluthengsten. Warmblüter sind gut geeignet für
die Dressur, für das Springreiten oder für die Jagd.
Auch als Freizeitpferde sind sie beliebt. Alle deutschen
Warmblüter fasst man unter dem Begriff „Deutsches
Reitpferd" zusammen.

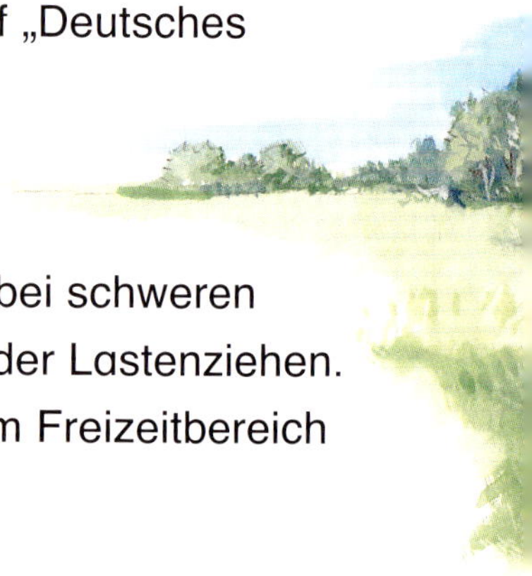

Das Kaltblut

Das Tier ist kräftig und ein guter Helfer bei schweren
körperlichen Arbeiten wie Holzrücken oder Lastenziehen.
Wegen seines ruhigen Wesens hat es im Freizeitbereich
viele Freunde.

Genau gelesen?

Welche Pferde sind die schnellsten der Welt?

a) Kaltblüter

b) Warmblüter

c) Vollblüter

Typische Warmblüter sind der Hannoveraner, der Oldenburger oder der Trakehner. Kaltblüter sind z.B. der Ardenner, der Schleswiger oder das Shire Horse.

11

Was versteht man unter Pferderassen?

„Sag mir, wo du geboren bist, und ich sage dir, wie du heißt." Viele Pferderassen tragen den Namen ihres Herkunftsortes: Hannoveraner, Isländer, Araber ...

Etwa 200 Pferderassen kennen wir. Die gab es jedoch nicht immer. Sie wurden von Menschen gezüchtet, indem man Pferde verschiedener Rassen miteinander kreuzte. So versuchten die Menschen, die guten Eigenschaften bestimmter Pferde miteinander zu vereinen. Hier siehst du einige bekannte Pferderassen.

Araber

Hannoveraner
Die bekannte deutsche Warmblutrasse stammt aus Hannover.

Lippizaner
Die weißen Pferde stammen vom Gestüt Lipica im heutigen Slowenien, wo vor 420 Jahren einheimische Stuten mit italienischen und andalusischen Hengsten gekreuzt wurden.

Araber
Diese edlen, feingliedrigen Vollblutpferde aus Arabien sind schnell wie der Wind.

Die Lippizaner sind die weißen Pferde aus der Spanischen Hofreitschule in Wien.

Hannoveraner

Lippizaner

Englisches Vollblut

Aus arabischen Vollbluthengsten und einheimischen Stuten züchteten die Engländer das englische Vollblut.

Shire Horse

Dieses große, starke Pferd trug schon im Mittelalter die Ritter in ihren schweren Rüstungen. Es ist das größte Pferd der Welt.

Englisches Vollblut

Shire Horse

Pferd oder Pony?

Alle Pferde, die kleiner als 1,48 m Stockmaß sind, nennt man Ponys. Das Stockmaß wird vom Boden bis zum Widerrist gemessen.

Isländer

Der Isländer beherrscht
zwei besondere Gangarten,
den Tölt und den Pass.

**Eine bekannte
Ponyrasse ist das
Shetlandpony.**

Lillis Landkarte

Wohin reitet Lilli?
Entschlüssle die Karte!

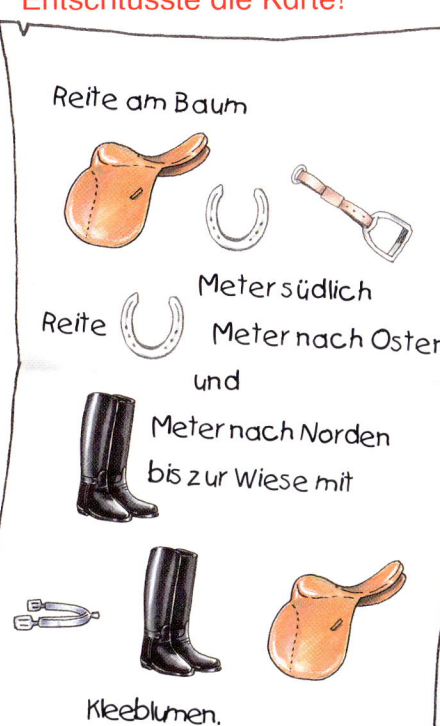

Reite am Baum

Reite   Meter südlich
     Meter nach Osten
und
     Meter nach Norden
bis zur Wiese mit

Kleeblumen.

Das bedeuten die Zeichen:

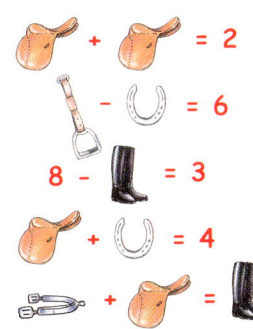

+ = 2

− = 6

8 − = 3

+ = 4

+ =

15

Wie ist ein Pferd gebaut?

Prima-Ballerina: Pferde gehen auf den Zehenspitzen! Hast du gewusst, dass das Kniegelenk des Pferdes ganz oben am Körper sitzt und die Hufe die Zehenspitzen sind?

Die Kastanie ist eine hornige Stelle an der Innenseite des Pferdebeines.

Die Körperteile des Pferdes

1 Genick
2 Schopf
3 Nüster
4 Ganasche
5 Brust
6 Vorderfuß-Wurzelgelenk

7 Huf
8 Kastanie
9 Fessel
10 Ellbogen
11 Bauch
12 Knie

13 Ballen
14 Sprunggelenk
15 Schweif
16 Schweifrübe
17 Kruppe
18 Flanke
19 Rücken

20 Widerrist
21 Mähne
22 Hals

Groß, größer, am größten!

Wie misst man die Größe eines Pferdes?

Man legt die Messlatte an und misst vom Fuß bis zum
Widerrist.

Das nennt man das Stockmaß.

Schau dem Gaul ins Maul!

Fachleute sehen anhand der Abnutzung und Verformung
des Gebisses das ungefähre Alter eines Pferdes. Das
erwachsene Pferd hat 40 Zähne: zwölf Schneidezähne,
vier Eckzähne (nur bei Hengsten), 24 Backenzähne.

Am Gebiss erkennt man,
wie alt das Pferd ist.

22 Monate

5 Jahre

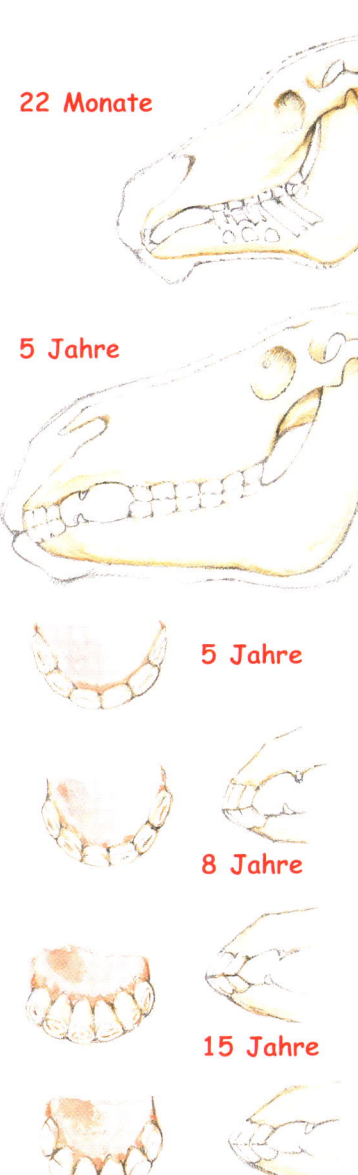

5 Jahre

8 Jahre

15 Jahre

20 Jahre

Zähle die Flaschen!

Saloondame Zilli Concarne* hat Whiskey-flaschen aufgeladen. Zwei Pferde tragen gleich viele Flaschen. Welche?

12+9

45:9

3·7

56-24

*Mit Zilli Concarne erlebt Lilli spannende Abenteuer in den Büchern „Hexe Lilli im Wilden Westen" und „Hexe Lilli und das wilde Indianerabenteuer".

Wie kannst du Pferde unterscheiden?

An der Größe? An der Mähne? Ganz einfach geht die Unterscheidung an der Farbe ihres Fells. Die verschiedenen Fellfarben haben bestimmte Namen.

Lilli schlägt nach. Lies mit!

Schimmel
Der Schimmel hat ein weißes Fell und eine weiße Mähne.

Bei manchen Pferdetypen sagt schon der Name etwas über die Fellfarbe aus, z. B. beim Braunen.

Rappe

Schwarz wie die Nacht ist der Rappe.

Brauner

Schimmel

Rappe

Brauner

Wie der Name schon sagt, hat der Braune ein braunes
Fell. Seine Mähne und sein Schweif sind schwarz.

21

Fuchs

Ein Fuchs hat ein rotbraunes bis tiefbraunes Fell.
Seine Mähne und sein Schweif haben dieselbe Farbe
wie das Fell.

Schecke

Falbe

Fuchs

Falbe

Der Falbe hat eine helle Farbe. Seine Mähne und
sein Schweif sind schwarz.

Schecke

Schwarz-weiß oder braun-weiß gefleckt ist ein Schecke.

Isabelle

Das Fell der Isabelle ist cremefarben. Die Mähne und
der Schweif sind hell.

Ein weißes Pferd mit kleinen dunklen Flecken nennt man Tigerschecke.

Tigerschecke

Isabelle

Lillis Schecken

Finde die fünf
Unterschiede!

Was sind
die Abzeichen?

**Wo trägt das Pferd eine
weiße Krone? Und wann ist
es „hoch gestiefelt"? Es gibt
schon seltsame Begriffe unter
Pferdefreunden ...**

Die Krone sitzt nicht auf dem Kopf und Stiefel hat das Pferd
auch nicht an. Bei diesen Begriffen handelt es sich vielmehr
um Abzeichen, weiße Flecken an Kopf oder Beinen. Hier
siehst du besonders häufig vorkommende Abzeichen:

**Dieses Fohlen ist hoch
gestiefelt – genau wie
seine Mutter**

Blesse

Hoch gestiefelt

Weiße Krone

Milchmaul

25

Hier siehst du noch andere häufige Abzeichen:

Flocke

Stern

Keilstern

Laterne

Schnippe

Das Pferd trägt natürlich keine richtige Laterne. Die Laterne ist ein weißes Abzeichen im Gesicht.

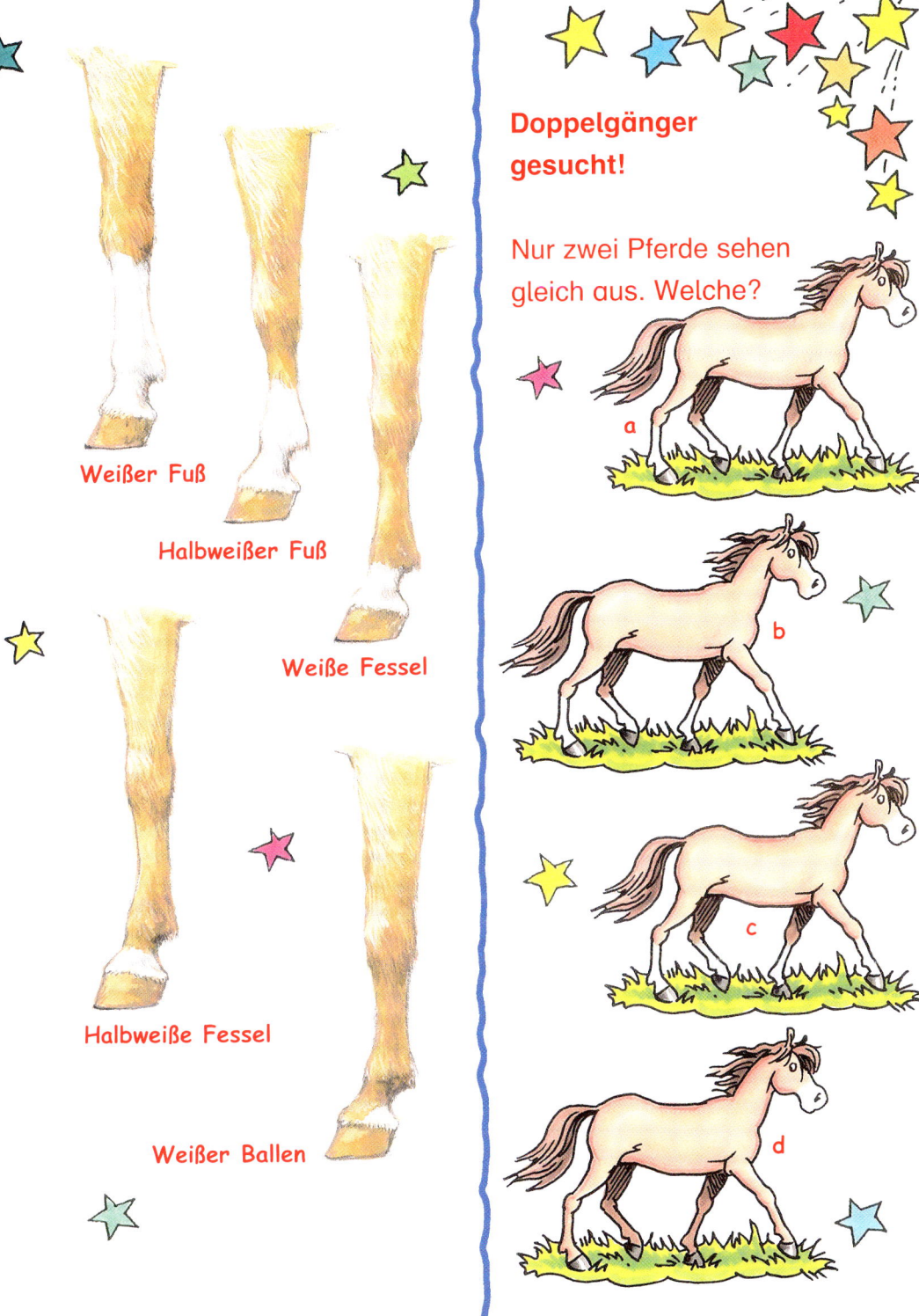

Weißer Fuß

Halbweißer Fuß

Weiße Fessel

Halbweiße Fessel

Weißer Ballen

Doppelgänger gesucht!

Nur zwei Pferde sehen gleich aus. Welche?

a

b

c

d

Wie geht man mit dem Pferd um?

„Das Glück der Erde liegt auf dem Rücken der Pferde" – stimmen kann das nur, wenn das Pferd dem Reiter gehorcht. In der Reitschule lernst du deshalb den richtigen Umgang mit dem Pferd.

Wie muss sich der Reiter dem Pferd gegenüber benehmen?
Er muss ruhig und freundlich mit dem Pferd sprechen. Wichtig ist, immer von vorne oder von der Seite an das Pferd heranzutreten – niemals von hinten, sonst erschrickt es.

Und wie muss sich das Pferd benehmen?

Wenn es gut erzogen ist, steht es beim Aufhalftern still. Es geht in Armeslänge entfernt neben oder hinter dir und versucht nicht, dich zu überholen. Es gehorcht dir, wenn du Befehle gibst. So ist das Pferd ein treuer Freund des Menschen.

Geh mit gutem Beispiel voran und lass niemals deine Laune an dem Tier aus!

Futter von der Weide

Am liebsten fressen Pferde frisches Gras, Kräuter und Kleepflanzen auf der Wiese. Im Winter bekommen sie getrocknetes Gras, das Heu. Zusammen mit Weizen- und Haferstroh sowie der Heulage – das ist nur kurz getrocknetes Gras – ist es wichtig für die Verdauung.

Einmal Kraftfutter, bitte!

Energie für die Arbeit gibt das Kraftfutter: Hafer, aber auch Pellets. Pellets sind gepresste Kügelchen aus Hafer, Körnermais oder Gerste. Besonders im Winter freuen sich Pferde über Saftfutter. Das sind Karotten, Futter- und Zuckerrüben oder Rote Bete. Sie versorgen die Tiere mit Flüssigkeit und Vitaminen.

Heu, Heulage, Weizen- und Haferstroh nennt man Raufutter.

Im Sommer trinkt ein Pferd bis zu 60 Liter Wasser pro Tag.

Ein leckerer Leckstein

Wichtig sind auch viel Wasser und ein Salzleck-stein, da ein Pferd beim Training schwitzt und dabei Salze verliert.

Fremde Sachen

Welche Gegenstände braucht man nicht beim Reiten?

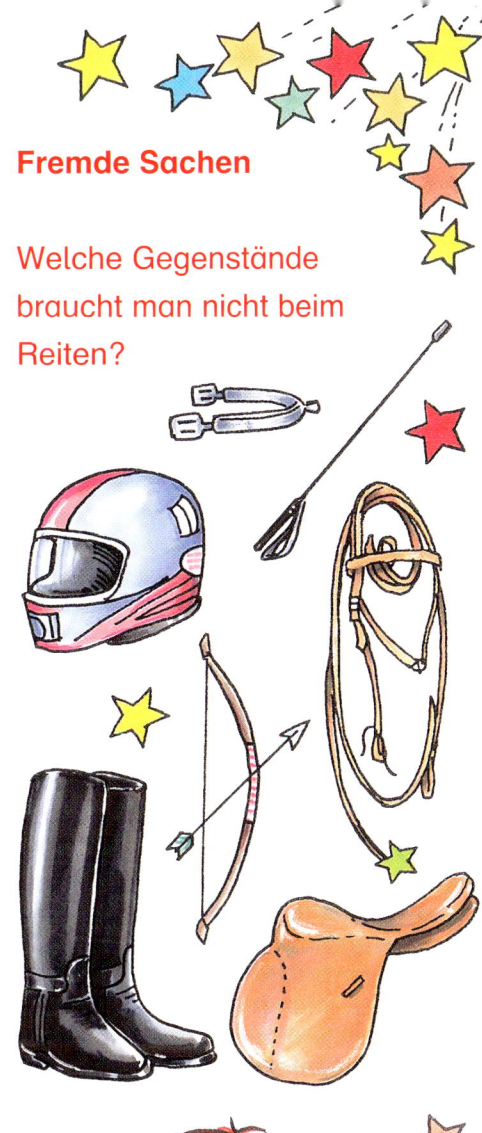

Welche Pflege braucht ein Pferd?

Schweißmesser, Eisen-striegel, Hufkratzer: Die Werkzeuge zur Pferdepflege klingen nicht gerade nach sanfter Schönheits-behandlung.

Dennoch: Ein Pferd braucht mindestens zweimal am Tag richtige Pflege mit solchen Instrumenten. „Putzen" nennt man das.

Putzkasten

Schweißmesser

Hufkratzer

Mähnenkamm

Wurzelbürst

Schwämme

Gummistriegel

Eisenstriegel   Tuch

Kardätsche

Wann wird „geputzt"?

Vor und nach dem Reiten werden Dreck und Staub aus dem Fell gebürstet. Zuerst wird das Fell mit dem Striegel aufgeraut. Das hilft, sehr groben und hartnäckigen Schmutz aus dem Fell zu entfernen. Vorsicht an knochigen Körperstellen! Dann wird mit der Kardätsche gebürstet.

Mit dem Eisenstriegel kannst du Haare und Staub aus der Kardätsche entfernen.

Was muss noch gemacht werden?

Die Hufe werden mit dem Hufkratzer gereinigt und dann eingefettet, damit sie geschmeidig bleiben. Sonst steht bei der Pferdepflege noch an: Mähne kämmen, Schweifhaare ordnen, mit einer Bürste das Gesicht putzen. Danach muss noch das Sattelzeug gepflegt werden.

Wenn der Hufschmied kommt

Alle sechs bis acht Wochen kommt der Hufschmied und passt dem Pferd neue Hufeisen an. Dafür entfernt er die alten Hufeisen, säubert den Huf und schneidet ihn mit dem Hufmesser zurück. Das tut dem Tier nicht weh. Es ist wie Fingernägelschneiden beim Menschen. Dann wird das neue Hufeisen angepasst.

Wie pflegen sich die Pferde in der freien Wildbahn? Sie beknabbern sich gegenseitig das Fell.

Schätz mal!

Wie viel wächst ein Huf in zwei Monaten?

a) ca. 30 cm
b) ca. 3 cm
c) Hufe wachsen gar nicht.

Welche Gangarten gibt es beim Reiten?

Sattel auflegen, aufsitzen und los geht's: Ganz so einfach ist das mit dem Reiten leider doch nicht. Vor allem dann nicht, wenn man es erst lernt.

Reitanfänger nimmt der Reitlehrer zuerst einmal an die Longe. Das ist eine lange Leine, an der das Pferd in einem großen Kreis läuft. Der Reiter darf im Schritt Übungen wie Armrollen oder Rumpfbeugen ausführen, um ein Gefühl für das Sitzen auf dem Pferd zu bekommen. Erst später lernt er die schnelleren Gangarten.

Schritt

Dabei bewegt sich das Pferd im Viertakt. Seine Hufe
fußen nacheinander hinten links, vorne links,
hinten rechts, vorne rechts.

Die Longe ist eine lange
Leine aus Gurtband.

Trab

Traben bedeutet, das Pferd läuft im Zweitakt. Jeweils die Hufe vorn rechts und hinten links fußen gleichzeitig, danach die Hufe vorn links und hinten rechts.

Schritt

Trab

Galopp

Das Pferd springt im Dreitakt. Erst setzt der Fuß hinten rechts auf, dann fußt das Pferd gleichzeitig hinten links und vorne rechts und zuletzt vorne links. Dies ist der Linksgalopp.

Galopp

Tölt

Diese Gangart mit wirbelnden Hufen beherrschen nur besondere Rassen, wie z. B. das Islandpferd.

Tölt

Setzt das Pferd beim Galopp zuerst hinten rechts auf, spricht man vom Linksgalopp. Ist die Reihenfolge seitenverkehrt, nennt man das Rechtsgalopp.

Wohin so schnell?

Lillis Pferd ist davongaloppiert. Findest du seine Spur?

Wie lebten die Pferde früher?

Hättest du das gedacht: Klein wie ein Fuchs war das erste Pferd, das vor etwa 60 Millionen Jahren lebte. Es hatte keine Hufe, sondern einzelne Zehen. Vom Aussehen her ähnelte es einem Reh.

Im Laufe der Jahrmillionen veränderte sich das Pferd. Seit einer Million Jahren sieht es so aus, wie wir es heute kennen.

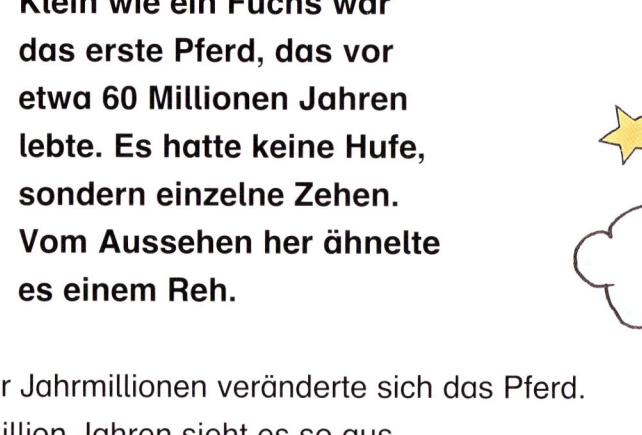

Przewalskipferd

Pliohippus

Merychippus

Hyracotherium

Steinzeit-Pferde auf dem Speiseplan

Was taten die Menschen in der Steinzeit mit den Pferden?
Du wirst es kaum glauben: Sie jagten sie und aßen sie auf!
Erst vor rund 10.000 Jahren erkannten die Menschen, dass
man Pferde zähmen und als Nutztiere halten kann.

Gezähmte Helfer

Die Menschen benutzten Pferde vor allem zur Fortbewegung
und zur Arbeit. Die Tiere zogen Wagen, Kutschen oder Pflüge
oder man ritt auf ihnen.

Es dauerte viele Jahrtausende, bis
die Menschen auf die Idee kamen,
die Pferde als Arbeitstiere zu nutzen.

Es lebe der Sport

Im Sport- und Freizeitbereich sind
Pferde einfach unersetzlich. Auch heute erlernen in jeder
Generation Kinder das Reiten und sehen in den Pferden
die besten Freunde.

Maschinen statt Pferde

Seit dem 19. Jahrhundert haben immer mehr Maschinen die Pferde bei der Arbeit abgelöst. Wir fahren Autos oder Motorräder und keine Kutschen mehr. Auch die Pflüge werden nicht mehr von Pferden gezogen.

Heute finden wir Pferde hauptsächlich im Sport- und Freizeitbereich.

Wer brachte die Pferde nach Amerika?

Sie waren nicht schon immer dort, sondern wurden erst von einem Volk dort eingeführt. Waren es . . .

a) die Indianer?

b) die Bayern?

c) die Spanier?

43

Lillis Quatsch-Geschichte

Lilli erzählt Leon, was sie
über Pferde alles weiß.
Doch wie immer tischt sie
ihm wieder viel Unfug auf.
Was stimmt und was
ist falsch?

Schon immer nutzten die Menschen die Pferde als
Arbeitstiere. Bereits die ersten Menschen betrieben
Reitsport und stellten beachtliche Rekorde auf!
Heute haben Maschinen die Pferde aus der Arbeitswelt
vertrieben. Man findet Pferde hauptsächlich im
Freizeitbereich. Ein Pferd muss man gut behandeln.

Man darf sich ihm nur laut schreiend von hinten nähern, damit es einen rechtzeitig hört. Als bestes Futter gibt man ihm den ganzen Tag Zuckerstücke. Das gibt Kraft. Trinken darf es nicht so viel, sonst bekommt es einen dicken Bauch. Beeindruckend war schon das erste Pferd in der Urzeit: Es war so groß wie ein Elefant!

Auflösungen

S. 11: Lösung c. Die schnellsten Pferde sind die Vollblüter.

S. 15: Lösung: 139 m, 3 m, 5 m, 451 Kleeblumen.

S. 19: Pferd 1 und Pferd 3 tragen gleich viele Flaschen, nämlich 21.

S. 23:

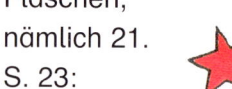

S. 27: Die Pferde a und c sind gleich.

S. 31: Motorradhelm, Pfeil und Bogen

S. 35: Lösung b. Ein Huf wächst in zwei Monaten 3 cm.

S. 39: Spur Nr. 3 ist die richtige.

S. 43: Lösung c. Die Spanier brachten die Pferde nach Amerika.

S. 44, 45: Lillis Quatsch-Geschichte

Es ist falsch, dass Pferde schon immer zum Reiten und Arbeiten benutzt wurden. Jahrtausendelang jagten und aßen die Menschen die Tiere. Wahr ist, dass die Maschinen die Pferde in der Arbeitswelt ablösten und dass Pferde heute mehr im Freizeit-

bereich zu finden sind. Völlig falsch ist es, sich einem Pferd von hinten zu nähern, dann erschrickt es und läuft davon! Man muss von vorne mit ruhigen Worten auf es einsprechen. Falsch ist es auch, dem Pferd Zucker zu geben. Das ist eine Süßigkeit, die keine Kraft gibt. Unsinn ist auch, das Pferd nur wenig trinken zu lassen. Es braucht sogar sehr viel Wasser. Das Urpferd war nicht groß wie ein Elefant, sondern klein wie ein Fuchs.

Register

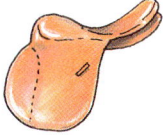

 **Das große Abenteuer des Wissen**

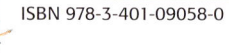

ISBN 978-3-401-09058-0

ISBN 978-3-401-09104-4

ISBN 978-3-401-09218-8

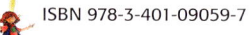

ISBN 978-3-401-09059-7

www.arena-verlag.de
www.knister.com

Arena

Jeder Band:
Ab 7 Jahren • 48 Seiten • Gebunden
Format: 15,3 x 20,5 cm
Durchgehend farbig illustriert
Mit Hexe Lilli Figur am Lesebändchen